BEI GRIN MACHT SICH IHR WISSEN BEZAHLT

Gebhard Deißler

Kriegsgeschrei in Europa

GRIN Verlag

Bibliografische Information der Deutschen Nationalbibliothek:

Die Deutsche Bibliothek verzeichnet diese Publikation in der Deutschen National-
bibliografie; detaillierte bibliografische Daten sind im Internet über http://dnb.d-
nb.de/ abrufbar.

Impressum:

Copyright © 2013 GRIN Verlag GmbH
Druck und Bindung: Books on Demand GmbH, Norderstedt Germany
ISBN: 978-3-656-56709-7

Dieses Buch bei GRIN:

http://www.grin.com/de/e-book/211281/kriegsgeschrei-in-europa

GRIN - Your knowledge has value

Der GRIN Verlag publiziert seit 1998 wissenschaftliche Arbeiten von Studenten, Hochschullehrern und anderen Akademikern als eBook und gedrucktes Buch. Die Verlagswebsite www.grin.com ist die ideale Plattform zur Veröffentlichung von Hausarbeiten, Abschlussarbeiten, wissenschaftlichen Aufsätzen, Dissertationen und Fachbüchern.

Besuchen Sie uns im Internet:

http://www.grin.com/

http://www.facebook.com/grincom

http://www.twitter.com/grin_com

Transcultural Management

Gebhard Deißler D.E.A./UNIV. PARIS I

Kriegsgeschrei in Europa

CULTURE   RESEARCH

KULTUR FORSCHUNG

RECHERCHE CULTURE

BÚSQUEDA CULTURAL

RICERCA CULTURALE

跨文化的智慧精髓

итранскультурная

Interkulturelles- u. Transkulturelles Management (German)

Intercultural &Transcultural Management (English)

Gestion Interculturelle et Gestion Transculturelle (French)

Gerencia Intercultural y Gerencia Transcultural (Spanish)

Gerência Intercultural e Gerência Transcultural (Portuguese)

跨文化的智慧精髓 - kua wen hua de zhi hui jing sui (Chinese)

транскультурная компетенция - transkulturnaja kompetencija (Russian)

toransukaruchā ・ manējimento (Japanese)
トランスカルチャー ・ マネジメント

Vishua Chaytana (Sanskrit)

ZAKAA AL-TA'ALOF AL-THAQAFEE (Arabic)

Inhalt

1. Kriegsgeschrei in Europa: Von der Europaeuphorie zur Europahysterie…4

2. Zweitausend Jahre Europageschichte…11

1

Kriegsgeschrei in Europa: Von der Europaeuphorie zur Europahysterie

O Freunde, nicht diese Töne !

Sondern laßt uns angenehmere

anstimmen, und freudenvollere !

Freude !

Aus der Europahymne „Ode an die Freude" von Ludwig van Beethoven (Ton) und

Friedrich Schiller (Text)

Kaum ist die Tinte, mit der die europäischen Verträge redigiert und multilateral unterzeichnet wurden, recht getrocknet, da möchte man diese auch schon wieder den lodernden emotionalen Flammen einer latenten Europahysterie preisgeben. Man könnte sagen, dass sie mit dem Blut zahlloser historischer Opfer europäischer Menschen auf der schier unmöglichen Suche nach einem gemeinsamen Modus

Vivendi und einer friedlichen Koexistenz diverser Kulturen und konkurrierender geopolitischer Agenden in Europa und darüber hinaus – in einem Ozean von Blut – geschrieben wurden. Die Bewusstwerdung des Ausmaßes dieser Tatsache sollte genügen, jegliches Kriegsgetöse für immer irreversibel zum Schweigen zu bringen. Indes, wie bereits der deutsche Philosoph G. W. Hegel konstatierte, lernen wir offenbar aus der Geschichte, dass wir herzlich wenig aus ihr lernen, sodass sie sich zwangsläufig repetiert.

Gegenwärtige objektive, technische Integrationsfragen werden auch von manchen führenden Eurokraten durch den historischen kulturellen Filter geschichtlicher Antagonismen wahrgenommen. Doch die europäischen Vertragswerke und Institutionen wurden doch gerade als irreversible Zäsur, als da Cabo al Fine sin repetitione zyklischer historisch-hysterischer Konfliktspiralen geschaffen. Also: O Freunde, nicht diese Töne! Lasst uns nicht, unter dem Druck einer Bewährungsprobe für die europäische Einheit, die Europahymnen ungehört verhallen und Verträge in einer europahysterischer Manier zerreißen, sondern „lasst uns angenehmere anstimmen, und freudenvollere!", wie es Beethovens und Schillers Europa konsekrierendes Kunstwerk der Europahymne nahelegt. Laßt uns das Kriegsgeschrei durch harmonischere Melodien ersetzen, statt einst der unbedachten Lancierung einer sich selbst erfüllenden Prophezeiung bezichtigt werden zu müssen.

Eine andere Europa Hymne in Latein bringt diesen Sacherhalt folgendermaßen zum Ausdruck:

Est Europa nunc unita
et unita maneat;
una in diversitate
pacem mundi augeat.

Semper regant in Europa

fides et iustitia

et libertas populorum

in maiore patria.

Cives, floreat Europa,

opus magnum vocat vos.

Stellae signa sunt in caelo

aureae, quae iungant nos.

Sie kann konzis folgendermaßen übersetzt werden: Wahrt das Acquis Communautaire und gebt es nicht den Flammen europahysterischer nationaler Emotionen preis, sondern konsolidiert diese Gnade der Geschichte angesichts der Bewährungsprüfung.

Alle Euroskeptiker sind aufgerufen, sich von der epochalen Dimension des Projektes Europa ebenso sehr leiten zu lassen, wie von dem Erbe vergangenheitsbasierter Ängste, ohne dabei den realpolitischen Verstand zu opfern. Es ist richtig und wichtig, die Geschichte und die dadurch entstandene kulturelle Konditionierung der europäischen Nationen im Blickfeld zu haben, aber nicht dadurch das rechte Augenmaß für die überzeitliche Dimension im realpolitischen Kontext zu verlieren. Mit Vertrauen und Vernunft im Zeichen tradierter Werte kann man so manche scheinbare Barriere überwinden.

Die Ode an die Freude, die eine symbolische geistige Verfassung Europas inkarniert, fordert dazu auf, das Gleichgewicht der Wahrnehmung zu wahren, warnt vor diesen Tönen und fordert legt nahe – bei aller Krisenstimmung – freudvollere Töne in der Gestalt von Problemlösungen anzustimmen, statt, wenn auch nur vage, einen europäischen Totengesang anzustimmen. Im Zeitalter der Wertewiederentdeckung und der globalen Medien ist der Europadiskurs in gewisser Weise Teil der

Realpolitik.

Vielleicht sollte man über die vertraglichen Krisenmanagementregeln hinaus dennoch ein strategisches Ultima Ratio Szenario und Instrumentarium ins Auge fassen, das auf eine durchaus mögliche Eskalierung des Kriegsgeschreis effektiv antworten kann, wenn der Point of No Return, das heißt, der Verlust des eurostrategisch relevanten historischen Acquis Communautaire sich abzeichnen sollte.

Wenn der Eurogruppenchef anlässlich gegenwärtiger nationaler europäischer Animositäten, wie z. B. anlässlich der Wahlen in Griechenland und Italien, eine Parallele zur Vorphase des ersten Weltkrieges zieht, dann zeugt das von einer legitimen und erforderlichen historischen Bewusstheit, aber auch gleichzeitig von der Last und dem Impact der kulturellen Kontinuität, die wir in unseren europäischen Köpfen herumtragen, die, wie oben gesagt, unter dem Blickwinkel der historischen Zäsur angemessen zu betrachten und zu bewerten ist.

Eine Zäsur bedeutet kein Ende, sondern einen Übergang zu einer neuen Phase im Kontext des alten, das aber neue Gestalt annimmt. Das alte Europa und die Neuschöpfung Europas sind die beiden Phasen, die geschichtlich durch eine Zäsur getrennt sind. Der Übergang von jenen unliebsamen Tönen der Vergangenheit zu freudvolleren Tönen wird durch die Ode an die Freude symbolisiert; die neue Schöpfung durch Händels Halleluja des Triumphs des Neuen über das Vergangene. Und die lateinische Eurohymne fordert dazu auf, diesen historischen Sieg Europas über seine Logik des Todes und über sich selbst nicht preiszugeben, sondern ihn vielmehr zu vollenden.

Es ist richtig, dass die Dämonen des alten konfliktbefrachteten Europas nicht für immer weg sind, sondern dass sie gewissermaßen nur schlafen, wie Jean Claude

Junker zurecht besorgt moniert, um von Bewusstsein europäischer nationaler Akteure aus ihrem Schlaf geweckt zu werden. Wird die Vokabel Krieg aber als Zukunftsszenario in Europa verwendet, so könnte man dadurch eventuell über die konfliktbewusste, realpolitische Analyse hinausschießen und Patterns des alten europäischen Bewusstseins in das neue hineintransportieren und über eine self-fulfilling prophecy einen fait accompli heraufbeschwören. Dies ist Teil der Dämonie, die als geistige Kraft ihre Kontinuität sucht und nicht von der Bühne der Menschheitsgeschichte abzutreten gewillt ist.

Das Diabolische des Dämons ist die Spaltung. Und die ist, als Antagonist des Guten, Teil des individuellen, nationalen und europäischen geistigen Erbes des Menschen und wirft die Frage der Erfordernis der ethischen Rechenschaftspflichtigkeit des Menschen per se auf. Europafragen sind daher lediglich eine Projektionsfläche des eschatologischen Dilemmas des Guten und dies Bösen. Und Europa bleibt daher der Kampf zwischen dem Guten und dem Bösen, der Integration und der Spaltung auch nicht erspart, weil es ein Europa der Menschen ist, die diese Problematik mit sich herumragen.

Die berühmten 12 Sterne des Europa Emblems symbolisieren den Kreis der Integration ohne Vermischung, Vermassung und Vermengung des kulturellen Kapitals Europas. Die zwölf Sterne scheinen marianisch, von der sternenbekrönten Gottesmutter jahrtausendealter christlicher Tradition inspirieret zu sein. Doch der Verderber und spalterische Diabolus sucht selbst die symbolische Divinität herauszufordern. Werden die symbolischen Sterne auf den Kopf gestellt, so entsteht die Fratze des Teufels, also die Desintegration Europas, weil jener der Spalter ist.

Die europäische Sternensymbolik fasst als Metapher die gesamte europäische Frage von Anfang bis zum Ende zusammen. Das christlich inspirierte Sternepattern steht für ein im Zeichen christlicher Wertetradition integriertes, funktionierendes Europa, mit all seinen natürlichen historischen Herausforderungen, die aber im Lichte der Werte der christlichen Symbolik lösbar sind. Die Gefahr besteht jedoch in der Perversion dieser Werte und der daraus erfolgenden Unlösbarkeit der Probleme, die zur Spaltung und Reversibilität der europapolitischen Errungenschaften führt.

Jeglicher Krieg und Kriegsgeschrei in Europa würde also zuerst eine geistige Umkehrung und Pervertierung der Sternensymbolik erfordern, die eine Spaltungslogik einleiten könnte. Und dies ist vielmehr eine eschatologisch-ethische, und nur sekundär eine politische Frage. Mit anderen Worten, das Europaproblem ist in erster Linie eine ethisch-eschatologisches und erst in zweiter Linie eine praktisch politische und vermeintlich realpolitische Frage. Diese Unterscheidung erfordert eine Unterscheidungsfähigkeit der Geister in europäischer Hinsicht. Ohne diese Unterscheidung können die europarelevanten Dinge, die kurzfristigen und die langfristigen, nicht recht zugeordnet und interpretiert werden. Wenn man weiß wes Geistes Kind die sich artikulierenden Kräfte sind, dann kann man ihnen auf der richtigen Ebene begegnen. Ist erkennbar das ein eschatologisch-ethischer Hintergrund Integrationsprobleme verursacht, so muss kann man ihnen nicht auf einer nachgeordneten, vermeintlich realpolitischen Ebene begegnen, sondern auf der übergeordneten ethisch-eschatologischen Ebene. Probleme sind häufig nicht auf der Ebene lösbar, auf der sie sich manifestieren, sondern eher von der übergeordneten her und das ist hier die geistige, symbolisiert durch die Sternensymbolik mit ihrer Logik der ethisch-eschatologischen, die Politik bedingende Ambivalenz.

Wir können die fundamentale Sternenmetapher als Barometer für die gesamte Geschichte Europas verwenden, da sie überzeitlicher, das Zeitliche bedingender Natur ist. Maßnahmen im Sinne der positiven Ausrichtung der Sternensymbolik sind konstruktiv-integrativer Natur. Die Gefahr der Umdrehung der Sternensymbolik bringt eine destruktive Pervertierung und somit Spaltung mit sich. Es handelt sich um geistige Dimensionen, die Circuli Virtuosi oder aber Circuli Vitiosi nach sich ziehen. Daher ist geistige Unterscheidung die vornehmste Tugend eines Europapolitikers, der als Individuum ebenso, wie als Politiker, die Fähigkeit der Unterscheidung der Geister erwerben muss, die ihn allein dazu in die Lage versetzt, auch in der Politik den Weg der Wahrheit und des Lebens nicht zu verlassen und eben gerade dadurch die alten Probleme – in der Tat, die des Krieges – neu zu inszenieren.

Wird er preisgegeben, so hat dies gravierende Folgen für den geistig-materiellen Fortbestand gleich welcher individuellen oder institutionellen Akteurs. Kriegsgeschrei ist häufig eine Folge des Versuches der geistigen Umkehrung der europäischen Symbolik. Sie verbreitet Angst und sät Zwietracht. Es ist die Agenda des Bösen, der man mit den geistigen Waffen des Vertrauens in das Gute, auf dem Fundament der Werte unserer jüdisch-christlichen Zivilisation auch in Europa begegnen muss. Dieses Vertrauen stellt die Sterne wieder vom Kopf auf die Beine und gestattet Europa - auch über Hürden - im neuen Geist fortzuschreiten.

2

Zweitausend Jahre Europageschichte

Historische Modelle und Meilensteine:

AUTORITÄRE INTEGRATION VON OBEN

Lex Romana

Karls der Große

Habsburger

Sektorielle Integration in die Montanunion 1951

Gründung der EU durch die Romverträge 1957

Vollendung der Wirtschafts- und Währungsunion

Politische Union

PARTIZIPATIVE INTEGRATION VON UNTEN

Betrachtet man den Verlauf der vergangenen 2000 Jahre, so kann man etwa ein halbes Dutzend maßgeblicher historischer Europa Modelle erkennen und unterscheiden. Vergleicht man sie, beginnend mit dem Europa Modell nach der Lex Romana, über die Modelle Karls des Großen und jene der Habsburger, bis hin zu den Rom Verträgen von 1957, so stellt man fest, dass wiederum Rom, wenn auch in anderer Form als vor 2000 Jahren, maßgeblich für die europäische Integration ist.

Das kommt nicht von ungefähr, weil Rom, nach der europaweiten militärischen Aufoktroyierung der Lex Romana vor 2000 Jahren, in der Folgezeit mit dem Vatikan die erforderliche geistige Kohäsion für das Projekt Europa in der Gestalt der dieses vereinenden christlichen Werte bereitstellt. Es ist der Wegbereiter dieses Projektes auf integrativer christlicher Wertebasis der Menschenwürde und er Demokratie. Die militärisch basierte Integration Europas und die geistig basierte Integration Europas sind beide mit Rom verbunden. Rom mit dem sinnbildlichen Stiefel der italienischen Halbinsel erscheint in der Tat als ein wichtiges Standbein Europas.

International rechtlich gesehen sind oben erwähnte Europamodelle eine Progression von nichtexistenter Selbstbestimmung der Mitglieder eines vereinten Europas zu einer stets wachsenden Selbst- und Mitbestimmung am Projekt Europa, bis hin zu einem Europa der Regionen, das über die Nationen hinaus, sogar die spezifischen sozioökonomischen und kulturellen Erfordernisse der Mitglieder eines integrierten Europas miteinbezieht.

Man kann also ein stets wachsendes Diversitäts-Bewusstsein und -Imperativ beobachten. Und je mehr dieser Diversitätsimperativ honoriert wird, desto mehr nimmt auch der Integrationsimperativ zu, damit die zentrifugalen Diversitätstendenzen von dem zentripetalen Integrationsmotiv polarisiert werden. Europäischer Universalismus und national-regionaler Partikularismus müssen sich die Waage halten, damit das Projekt Europa nicht scheitert, das somit ein Tanz auf einem universalistisch-partikularistischen Kontinuum ist, das immer wieder von neuem integriert werden muss.

Solange dies gelingt, hat Europa Bestand. Dafür gibt in unserer Zeit die maßgeblichen supranationalen Institutionen des Rates, der Kommission, des Parlamentes und des Gerichtshofes, insbesondere in Straßburg, Brüssel und Luxemburg, die mit ihren tausenden von Beamten diese Integration in den vielfältigen wirtschaftspolitischen, sozialen und anderer Bereichen, in der Praxis leisten müssen. Die persönlichen Konsultationen der Minister und Staatsoberhäupter konsekrieren dies Integration und die Wahrung der Gleichgewichtsdynamik für den Fortbestand und die Weiterentwicklung des europäischen Kontinents, dem sich beginnend mit 6 Staaten, am Ende des Weltkrieges - mit der Schaffung der Montanunion 1951, die die nationalstaatliche europäische Rüstungsbasis Industrie unter eine paneuropäisch-universalistische Kontrolle zur Eidämmung nationalpartikularistischer militärischer Verlockungen stellt - nun zwei Dutzend weitere angeschlossen haben. Und in dem Maße, wie die national-kulturelle Diversität und somit die Komplexität zunimmt, bedarf es auch der Zunahme eines universalistischen Zentralismus zur Wahrung der Kohäsion des Ganzen.

Die europäische Identität besteht vornehmlich in seiner Diversität, die daher eine große, diese Zentrifugalität polarisierende Integrationsleistung, erfordert. Das bedeutet, dass auch die komplementäre universalistische Dimension in der Gestalt eines paneuropäischen Bewusstseins, immer mehr zur europäischen Identität gehören muss. Einheit und Diversität bilden daher die beiden Standbeine Europas und seiner Identität.

Man braucht diese Identität nicht zu suchen, sondern einfach wahrzunehmen, da sie schon immer vorhanden war. Die Werte basierte Einheit und die kulturelle Vielfalt bilden das konstitutive Kontinuum dieser Identität. Es waren und sind die zwei Seiten eines integrierten Europas, versinnbildlicht durch die beiden Seiten der Euromünzen seit Beginn dieses Millenniums, die mit der einen nationalpartikularistischen und der komplementären universalistisch-europäischen Rückseite zusammen das handliche Symbol des einen, vereinten Europas verkörpern. Nur wenn die beiden Seiten kongruent, d.h. das UN-PA Gleichgewicht vorhanden ist, stimmt das metaphorische Einheitssymbol des Euro in monetärer, politischer und anderer Hinsicht. Dann können die beiden komplementären Aspekte in eine dritte Dimension der Einheit münden.

Der Globalisierungsdruck hat den Einheitsimperativ verstärkt, weil die Nation und Regionen auf dem globalen Schachbrett der Geopolitik und Weltwirtschaft nicht mehr für sich allein bestehen können. Spitzenforschung und Hightech Projekte erfordern multinationale geistige und materielle Ressourcen. Doch die Zunahme des Integrations- und Einheitsimperativs führt zu einer Reaktion am partikularistischen, nationalkulturellen Diversitätspol des Kontinuums, das von neuem, unter den neuen Bedingungen der globalisierten Welt, integriert werden muss. Damit das konstitutive Gleichgewicht des Ganzen gewahrt wird, müssen beide positiv miteinander korreliert sein. Dann bleibt Europa stabil.

Die Zukunft Europas gründet auf dem Respekt beider Werte und ihrer Integration, d. h. des europäischen Universalismus-nationalkulturellen Partikularismus Kontinuums und somit die europäische Einheit in ihrer myriadenfachen kulturellen Diversität, die weit über die nationale hinaus bis in die regional-lokalen Nuancierungen geht. Europa ist als Ganzes kulturell divers in Bezug zu anderen Kontinenten. Und es selbst setzt sich wiederum aus Diversität zusammen. Sie ist in der Tat das universellste Charakteristikum des Lebens.

Die Variationen des UN-PA Dilemmas mögen ich verändern, aber dem Prinzip nach besteht in seiner, inklusive seiner technischen und politischen und anderen sektoriellen Lösungen, das Geheimnis der Einheit Europas. Einheit in der Diversität ist immer ein Geheimnis für den menschlichen Verstand, da diese im tieferen Sinne komplementären Attribute vitaler Systeme zunächst widersprüchlich und sich auszuschließen scheinen. Doch die systemanalytische, biologische und mystische Erkenntnis lassen sich nahtlos auf die europäische Kultur und Politik mit all ihren technischen und institutionellen Ramifikationen übertragen.

Britische, italienische, griechische, französische partikularistische Ansprüche und deutsche und andere universalistische sind eine zeitüberdauernde zentrale Thematik der Geschichte der europäischen Integration. Nun können sie nicht mehr nach den verschiedenen Graden des autoritären Zentralismus der historischen europäischen Integrationsmodelle gelöst werden, sondern es bedarf einer politischen Kunst der universalistisch-partikularistischen Autoregulierung; der Erkenntnis und der Treue zu diesem Geheimnis der Einheit, gleich wie die UN-PA Rollenverteilung in anstehenden Entscheidungen ist

Die Romverträge sind die erste maßgebliche historisch politische und universalistisch legalistische Antwort auf die ebenso historischen partikularistischen europäischen Agenden der Nationalstaaten. Das UN-PA Dilemma wurde über Jahrhunderte in Nullsummenspielen nationaler Egoismen zu lösen versucht – über imperiale Weltmachtansprüche der Kolonialmächte England, Frankreich und Spanien in der Metropolregion und Übersee gleichermaßen. Den Klimax erreichte diese Form der Dilemmalösung im Faschismus und Nazismus, der seine uneingeschränkte Alleinbestimmung mit nackter Gewalt, gleich der Lex Romana vor 2000 Jahren, durch durchzusetzen suchte. Diese einseitige Dilemmalösung hatte derart desaströse Folgen für die ganze Welt, dass man über diese Erfahrung zur Erkenntnis gelangte, dass einseitige Dilemmalösungen fortan nicht mehr Teil der europäischen Geschichte sein dürften.

Aus diesen partikularistischen nationalstaatlichen Exzessen, die weder eine friedliche Koexistenz, geschweige denn ein supranationales Europa duldeten, ergab sich die Erfordernis einer universalistischen Zähmung nationaler Partikularismen, die die Gestalt der Montanunion und der Romverträge bis zum universellen monetären Symbol des Euro in alltäglich tangibler Form annahm.

Diese Erfordernis erkannten zunächst jene europäischen Nachbarn, die in besonderer Weise und dies dreimal in einem Jahrhundert unter nachbarschaftlichen europäischen Partikularismen gelitten haben. Es handelt sich vor allem um Frankreich inbezug zu Preußen und Deutschland. Deshalb haben jenseits-Rheinige Persönlichkeiten wie Jean Monnet und Maurice Schumann nach dem zweiten

Weltkrieg die Erfordernis eines universalistischen Management Instrumentariums exzessiver nationalpolitisch-kultureller Partikularismen erkannt und die Schaffung universalistischer europäischer rechtlich-politsicher Instrumente in der Gestalt der Montanunion von 1951 und der Romverträge von 1957 in die Wege geleitet, nachdem der universalistische Imperativ bei anderen nationalkulturellen Partikularismen ein positives Echo fand. Hallstein, Gaspari und Schuman sind die Personifizierung der anvisierten Lösung des überzeitlichen UN-PA Dilemmas in Europa, die das Ende einer Jahrhunderte währenden einseitigen konfliktbefrachteten Dilemmalösung einleiten sollte.

Heute ist diese Dilemmalösung weitgehend in der Gestalt der Funktionsweise der supranationalen Organisationen institutionalisiert, wo die Lösung des Grunddilemmas stets neu, nach altem, Muster, inszeniert werden muss. Darin besteht ein wesentliches europäisches Acquis, das die Permanenz der europäischen Integration gewährleistet. Das Projekt Europa ist also erkenntnistheoretisch im wesentlichen ein Skript der UN-PA Dilemmalösung auf der europäischen Bühne, mit bekannten institutionellen Akteuren. Das Ritual der Dilemmalösung nimmt ist Schauspiel mit variablen UN-PA Themen, Akteuren und Regisseuren. Solange man jedoch dem Skript der UN-PA Dilemmalösung verpflichtet bleibt, bleibt Europa. Im Moment ist der Euro das zentrale universalistische Motiv. Es lässt wenig partikularistischen, nicht zentral reglementierten, nationalstaatlichen Spielraum zu und die partikularistischen Reaktionen können daher bis zur Austrittsandrohung oder Kooperationsverweigerung im Fall des individualistisch, isolationistischen Großbritannien, des partikularistischen Italien oder anderer gehen.

Auf einem soliden und solidarischen universalistischen Fundament können idiosynkratische Partikularismen gedeihen. Indes, das universalistische Fundament muss erhalten bleiben, damit das europäische Acquis gewahrt wird. Die singulären kulturellen Partikularismen und menschlichen Eigenarten können nur mit einem starken institutionellen und geistigen Universalismus kohäsiv und einem konkomitanten nationalen und europäischen Bewusstsein integrativ gemanagt werden.

Diversität ist das Kapital und die kulturelle und menschliche Wahrheit Europas. Wenn sie respektiert werden kann, dann wird sie den universalistischen Imperativ respektieren. Beide sind interdependent. In dieser Interdependenz schlummert die europäische Idee und ihre Zukunft. Und ihre praktische Umsetzung besteht in der Dilemmalösung, wie sie hier nahegelegt wurde. Die Idee und die praktische Umsetzung durch die institutionellen Akteure unter der Regie der Staatsoberhäupter auf der Bühne Europas, die vom Mittelmeer bis nach Skandinavien, vom Atlantik bis stets weiter nach Osteuropa hineinreicht.

Europa ist ein historisches Drama mit einer konkreten geopolitisch-kulturellen Bühne, Akteuren und Regisseuren. Und ein derartiges Spektakel eines multilingualen, multikulturellen, vielfältig partikularistischen Tohuwabohus erfordert die entsprechende universalistische Inszenierung und Management, damit es nicht zu einem unberechenbaren Wanderzirkus, der bald in diese, bald in jene Richtung zieht, verkommt. Das Thema dieses europäischen Schauspiels, das sind die gemeinsamen Werte und somit Einstelligen, Verhaltensweisen und Ziele. Es ist der geistige Kern, der das gemeinsame Schauspiel ermöglicht. Bleibt diese Thematik des gemeinsamen Wertekanons, so wird das Ritual der Dilemmalösung durch die institutionellen Akteure verbindlich und getreu inszeniert und Europa bleibt bestehen.

Die Alternative der Schauspiel- und Spielverweigerung bedeutet, dass ein jeder in seine geopolitisch-kulturelle Nische zurückkehrt. Doch heißt dies, auf Synergien und Gewinnchancen im europäischen Spiel zu verzichten und insgesamt auf ein geringeres Niveau des partikularistischen Daseins zurückzukehren. Aber diese bescheidenere, aber als freier von universalistischer Bevormundung empfundene politische Option hat für manche Nostalgiker, wie z. B. die Briten, zweifellos einen gewissen Charme, den man auf Grund ihrer verständlichen Vergangenheitsorientierung nicht leugnen kann, insbesondere angesichts der heutigen Komplexität der Welt. Und die einseitige partikularistische Option verspricht eine gewisse Vereinfachung dieser Komplexität.

Die Lösung europäischer zyklischer Krisen erfordert stets aufs Neue die Integration des UN-PA Dilemmas in der Gestalt einer kreativen Synergieformel. Darin besteht die Zukunft Europas.

Schließlich wird das Schauspiel der EU UN-PA Dilemmalösung in Wechselwirkung mit anderen Regionalintegrationen solange zu lösen sein, bis die Einheit der Menschheit erreicht sein wird. Die Quadratur individueller und gemeinschaftlicher Interessen ist und bleibt der Schlüssel zur sozialen Koexistenz der Menschheit aller Zeiten. Dieser Sachverhalt mündet über seine technischen Aspekte hinaus in die Ethik und die Ethik ist eine Bezugnahme auf eine transzendente Rechenschaftspflichtigkeit des Menschen hinsichtlich der Dilemmalösung.

Und die ultimative Integration von Einheit und Diversität besteht im Schöpfer. Da er die Lösung dieses Dilemmas in Person ist, ist sein Ebenbild letztendlich auch mit dieser Anlage ausgestattet. Die Wiederentdeckung dieser Realität ist die eigentliche Mystik von Einheit und Diversität. Und diese Realität bildet das Fundament der europäischen Identität, die also als Dilemmalösung angelegt ist. Sie ist die Quelle der erforderlichen Dilemmalösung in vielfältigen Gestalten, sowie auch der Kontinuität der europäischen Einheit in der Diversität. Die kulturelle Identität der europäischen christlichen Tradition ist eine Befähigung zur Dilemmalösung höchster Legitimation und im höchsten Auftrag. Und wenn man die UN-PA Natur der Dinge der Schöpfung durch den Schöpfer erkennt, dann ist diese Erkenntnis der Natur der Dinge bereits die Lösung dessen, was der Mensch als Dilemma wahrnimmt, solange der nicht die tiefere Natur der Dinge erkennt. Demnach bedarf der europäische Diskurs einer Verankerung in der Erkenntnis der wahren Natur der Dinge. Sie löst die soziopolitischen Probleme kraft ihrer Wahrheit und Klarheit. Und das alles schlummert in den christlichen Grundwerten der europäischen Zivilisation, die es um ihres Fortbestands Willen zu revitalisieren gilt.